中华文化表意学习法

THE IDEOGRAPHIC LEARNING METHOD IN CHINESE CULTURE

王历荣 陈湘舸 著

山西出版传媒集团
北岳文艺出版社
BEIYUE LITERATURE & ART PUBLISHING HOUSE
·太原·

图书在版编目(CIP)数据

中华文化表意学习法 / 王历荣, 陈湘舸著. —太原:
北岳文艺出版社, 2022.11
ISBN 978-7-5378-6613-2

Ⅰ. ①中… Ⅱ. ①王… ②陈… Ⅲ. ①中华文化—通
俗读物 Ⅳ. ①K203-49

中国版本图书馆 CIP 数据核字(2022)第 156048 号

中华文化表意学习法

王历荣　陈湘舸　著

//

出品人
郭文礼

责任编辑
庞咏平

装帧设计
萨福书衣坊

印装监制
郭　勇

出版发行:山西出版传媒集团·北岳文艺出版社
地址:山西省太原市并州南路 57 号
邮编:030012
电话:0351-5628696(发行部)　0351-5628688(总编室)
传真:0351-5628680
印刷装订:山西基因包装印刷科技股份有限公司

开本:880 mm × 1230mm　1/32
字数:190 千字　印张:7.625
版次:2022 年 11 月第 1 版
印次:2022 年 11 月山西第 1 次印刷
书号: ISBN 978-7-5378-6613-2
定价:29.80 元

序 言

作为中华文化构成的基本元素与核心，汉字，众所周知，是以字形表字义的表意文字。这意味着，中华文化在一定意义上是表意文化。汉代扬雄的“书为心画”理论从一个方面表示以汉字为元素与核心的中华文化确为表意文化。但是，要全面、充分地表示、发挥中华文化的表意功能，显示其作为表意文字的汉字内在要求，我们还需要在其书写与学习、解读方法上下功夫。为此，我们经过十余年的研究与实践，提出“中华文化表意学习法”，其目的是让以汉字为核心的中华文化的学习及解读方法体现表意文化的内在要求。

实现这个目的基本思路与方法是参照前人创造并成功实践的象形造字法、会意造字法等造字方法，开发利用汉字的象形状物和方块形状这两大特征，如同小孩搭积木，将中华文化的经典诗词、成语、名言等进行优化组合。“中华文化表意学习法”具有两大优点：第一，使博大精深的中华文化易识、易记、易解，从而有助于学习和掌握中华文化；第二，具有审美价值，并且富有趣味，雅俗共赏，从而开辟一个新的书法天地。

目录

作品解读篇

ZUOPIN JIEDU PIAN

第一章

修身类作品解读

1. 读书明理，开卷有益

读书明理图

人出生到这个世界时，什么道理都不懂，但随着成长历练，逐渐明白了许多为人做事的道理。理在“书”中，“道理”是从有字之书和无字之书中得来的，所以说“读书明理，开卷有益”。当然，世界上的书还有“有用之书”与“无用之书”。但是，所谓的“无用之书”，如哲学书籍，却有大用，可以让你明理，并为你指出方向。表意书法《读书明理图》运用嵌入法进行构图，以“书”的大草为主体，将“理”字嵌入其中，旨在鼓励人们，尤其是青少年刻苦学习、博览群书。

2.吃亏是福

吃亏是福图

“吃亏是福”是中国文化中有关处事哲学的名言。之所以说吃亏反而是福，是因为肯吃得亏，便能退一步，从而免灾避祸；同时，吃得亏，他人乐于与你合作共事，从而有助你成就功业。表意书法《吃亏是福图》运用嵌入法构图，先将“亏”字置于“吃”字的“口”部中，再将“福”字置于“吃”字的横折弯钩之上，形象地表达了“吃亏是福”的旨意。此幅表意书法可为座右铭，当悬挂于居室。

3. 俭以养德

俭以养德图

“俭以养德”出自三国蜀诸葛亮的《诫子书》：“夫君子之行，静以修身，俭以养德。”之所以说俭朴的生活方式能够培养人的德行，一是因为俭则勤劳，二是因为俭则不贪。表意书法《俭以养德图》运用替代构图法，用“德”字取代“佥”部中间的一点。

4. 三思而行，谋定而动

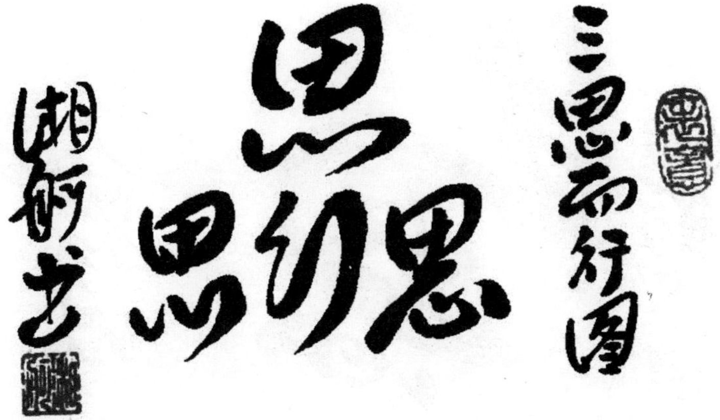

三思而行图

“三思而行，谋定而动”是中国传统文化所倡导的处事态度，是人生的一大智慧。这里所说的“三思”，一是指从不同角度、反复思考，即领导与群众、张三与李四的思考；二是调查研究后的思考，有别于个人关在屋里的冥思苦想。表意书法《三思而行图》采用包裹法构图，将三个“思”字呈“品”字形构图，将“行”字包裹在左、右两个“思”字中间、正对上方的“思”字，直观表达“三思而行，谋定而动”的内涵，当悬挂于厅室。

5.制怒

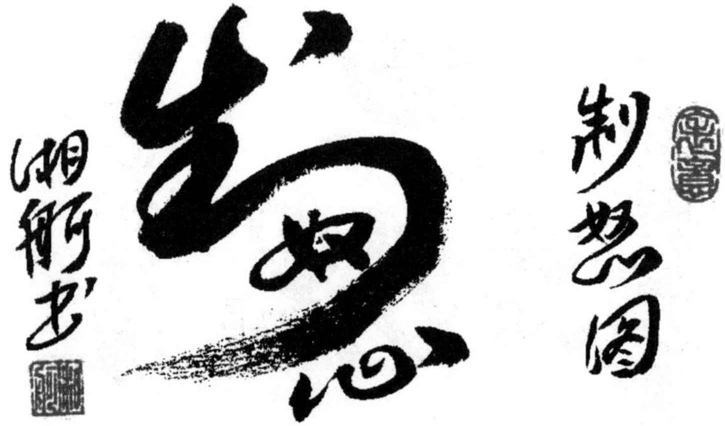

制怒图

有个小品，说的是先生劝告太太不要生气发怒，说愤怒是“魔鬼”。此话不差，并非夸大其词。怒火熊熊，既伤人，又伤身。盛怒伤肝，过喜伤心，这是医家共识。一个人怒火中烧时，头脑不冷静，难免蛮干胡搞，往往把事情搞糟。表意书法《制怒图》以变体法与分割法并用的构图方式，以草书“制”字为主体，将最后一笔“竖钩”变体，从而“怒”字上下两部分“奴”“心”被变体的“竖钩”断开，以表示将“怒”制服。将这幅《制怒图》悬挂于厅室，当你发怒时多看几眼，怒火也许会平息下去。

6.以德帅才

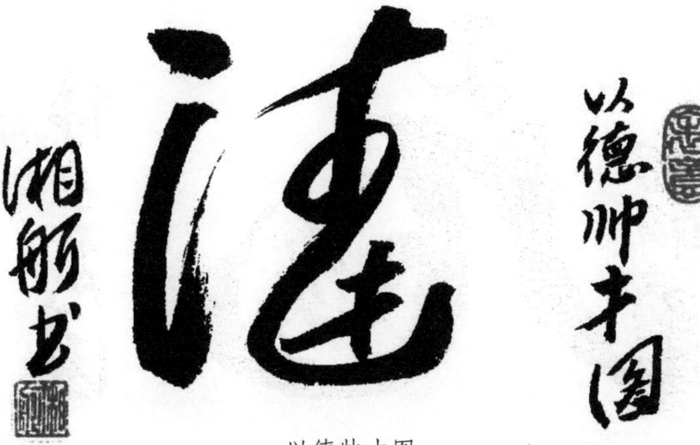

以德帅才图

北宋司马光在《资治通鉴·周纪一·威烈二十三年》中强调说："才者，德之资也；德者，才之帅也。"司马光倡导的以德帅才，应当说是天下有才能者都应遵循的一大法则。才有歪、正之分。一个人有道德，便会致力于学习正才，即学习对自身、对社会有用有益的才；反之，如果德行有亏，就会去练习歪门邪道的"才"。更为重要的是，有些才本身虽无正邪之分，如武术、射击，但其用途也会有正邪、美丑、好坏之分。所以强调以德帅才是完全必要的。表意书法《以德帅才图》运用重点法、依傍法并用的构图法，以"德"字为主体，先大写一个"德"字，再把"才"字嵌入"德"字的"心"中。《以德帅才图》悬挂在居室厅堂，君当受益。

7.伟大出于平凡

伟大平凡图

张思德、董存瑞、邱少云、雷锋等都是伟大的共产主义战士。他们用自身的成长诠释了伟大出于平凡的真谛。表意书法《伟大平凡图》采用变体法、依傍法构图，直观、明了地表现了“伟大出于平凡”之内涵，鼓励人们在平凡的工作中干出不平凡的业绩。

8.君子不镜于水而镜于人

以人为镜图

“君子不镜于水而镜于人”，语出《墨子·非攻中》。在传统文化中，君子是品德高尚、明辨是非、扬善惩恶的人，他们“不镜于水而镜于人”。“镜于水”，只能正衣冠，知容貌；而“镜于人”，则可明辨是非美丑。具体来说，如果看到他人身上的优点，从中认识自己的不足，从而促使自己努力学习取得进步；如果看到他人身上的缺点，则可以引以为戒。所以，以人为镜，是一种有效提高个人修养的方法。表意书法《以人为镜图》运用依傍法，将“镜”字“竖弯钩”变形，将“人”字圈于其中。《以人为镜图》可悬于居室，以为勉励。

9.学会放下

学会放下图

一个人要想快乐地生活，尤其想在奋斗的征途上轻装前进，一是要“舍得”，二是要“放下”。两者相较，“放下”显得更加重要。一般来讲，舍得的东西是有价值的东西，而需要放下的东西，不仅包括有价值的，也包括没有价值的，甚至包括有害的东西。例如，领导劝告犯了错误的人放下思想包袱。不言而喻，所谓的思想包袱就不是好东西。又如有地位的人要放下“架子”，做到平易近人。表意书法《学会放下图》运用位移法，将“方”字上边那一点移到下边。须知，放下一点便轻松，也许因此还能得到更多的东西。《学会放下图》可悬挂于居室，以为勉励。

10. 百尺竿头须进步

不断进步图

“百尺竿头须进步”一句出自北宋释道原《景德传灯录·招贤大师偈》。这话既是对人的一种勉励，也包含一种人生智慧。这句话的意思是，对于要求进步的人而言，无论爬得多高、走得多远，学习永远没有尽头，因而不能止步。据此，表意书法《不断进步图》运用依傍法构图，将“竿”字大写，尔后将“步”字置于其上。

11. 严于律己，宽以待人

严己宽人图

“严于律己”语出南宋陈亮《谢曾察院君》：“严于律己，出而见之事功；心乎爱民，动必关夫治道。”“宽以待人”语出明代罗贯中《三国演义》第六十回：“某素知刘备宽以待人，柔能克刚，英雄莫敌。”责己严，待人宽，对于每个人，尤其是管理者而言，是一种十分宝贵的修养。管理者如果能够严格要求自己，就为下属和群众做出好的表率，从而让人心悦诚服；而“宽以待人”，是指团结人并能用人所长，所谓“得人者昌”，功业可成。表意书法《严人律己图》运用依傍法构图，当悬挂于厅堂，可终身受益。

12. 三人行，必有我师焉，择其善者而从之，其不善者而改之

三人有师图

“三人行，必有我师焉，择其善者而从之，其不善者而改之。”此句出自《论语·述而》，意为三人同行，其中一定有我可以学习的，我要选取他们身上的优点长处学习；至于不好的东西，我也可以对照检查，有则改之，无则加勉。孔子倡导以众人为师，以天下人为师的学习态度。据此，表意书法《三人有师图》运用嵌入法构图，先用草书写一个“行”字，然后把“众”字嵌入，再将“师”字嵌于“众”字中心。《三人有师图》可悬挂于居室，以为勉励。

13. 药为一病之药，茶为万病之药

茶医万病图

诸药为各病之药，茶为万病之药，有的好茶者甚至视茶为“养生之仙药”。茶不仅能治病，还能防病。如果一个人有喝茶的习惯，且无不良的生活习惯，大约可保健康。可惜，如今坚持每天喝茶一至三杯者，少矣。据此，表意书法《茶医万病图》以替代法、嵌入法并用，以“药”字为主体，将“万病”二字置于“药”字“勺”部内，替代“勺”部的“、”，旨在倡导喝茶，坚持不懈。

14. 伴君如伴虎

伴君伴虎图

“伴君如伴虎”是对中国封建社会君臣关系的一种形象说法。应当说，把封建社会的君王比作老虎，十分贴切，比较形象、准确地反映了封建社会的君臣关系。在封建社会，帝王是最高统治者，臣子要绝对服从；帝王拥有绝对的权力，可对大臣施以罢贬、杖笞，甚至杀头的惩罚；但是，王权没有有效制约。即使帝王犯错，“天子圣明”的观念也会把责任全推到臣子头上，使得“臣罪当诛”。据此，表意书法《伴君伴虎图》运用象征法、替代法、共用法构图，将“伴”字两点用“君”“虎”两字替代，直观、明了地诠释了封建社会的君臣关系。

15.愤怒是一剂毒药

愤怒毒药图

愤怒是一剂毒药，把愤怒比作“毒药”十分贴切、形象，对人们颇有警示作用。愤怒的确是“毒药”，它既毒害发怒者，怒伤肝，从而导致生病；同时，它可能波及发怒者身边的“人”，所谓“城门失火，殃及池鱼”。因此，我们要加强修养，学会“制怒”之道。表意书法《愤怒毒药图》运用嵌入法构图，旨在让世人记住发怒的危害。此图当悬挂居室，以为警示。

16. 千里之行，始于足下

千里之行图

“千里之行，始于足下”出自老子的《道德经·第六十四章》。它的前一句是“合抱之木，生于毫末；九层之台，起于累土”。红军长征二万五千里，双脚丈量了万水千山，完全是一步一步走过来的。诗人汪国真曾感叹说：“世上没有比人更高的山，没有比脚更长的路。”在新时代，我们国家正在进行新的长征，但新的长征路，还是“始于足下”，要靠我们双脚一步一步地探索前进。据此，表意书法《千里之行图》运用依傍法构图，旨在勉励人们在新的长征路上一步一步坚定地前行。

17. 百川归海，大势所趋

大势所趋图

长江、黄河，千里奔流，最后都注入东海；珠江，在“两广”的崇山峻岭间奔流不息，最后流入南海。这些大江大河是由金沙江、嘉陵江、湘江、泾水、渭水等千百条大大小小的江河汇流而成。毫不夸张地说，是“百川归海”。“人往高处走，水往低处流”，中国地势西北高、东南低，所以三大江河流入东南方向的大海，真可谓是“大势所趋”。据此，表意书法《大势所趋图》运用象形法、重叠法构图，直观、形象地表示“百川归海”是“大势所趋”。

18. 宝剑锋从磨砺出，梅花香自苦寒来

宝剑梅花图

“宝剑锋从磨砺出，梅花香自苦寒来”是一副楹联，旨在勉励青少年在成长的道路上不畏艰难、不怕吃苦，以造就真才实学。这副楹联道出成才之不易，且很有感染力和说服力。表意书法《宝剑梅花图》运用嵌入法、变形法、替代法、象征法等多重建构，将“宝剑”置于大草“磨”字的“石”部上面；而以“香”字替代“寒”字底下的两点。《宝剑梅花图》宜悬挂于居室、书房，以为勉励。

19. 积小善成大德

积善成德图

毛泽东在《吴玉章寿辰祝词》中曾说："一个人做点好事并不难，难的是一辈子做好事，不做坏事……"一辈子做好事的人是有大德的人。不言而喻，此大德，是通过一辈子做无数的好事，也就是"积小善"修炼而成的。所以，一个立志修炼"大德"者，在日常生活中要多做好事，切莫"善小而不为"。表意书法《积善成德图》运用对比法、象征法构图，"三生万物"，将三个小写的"善"字呈"品"字状写出，尔后再将大写的"德"字置于其间，相信会有所启迪。此图适宜作为座右铭悬挂于居室，以为勉励。

20.厚德载物

厚德载物图

“厚德载物”出自《易经·坤卦》。“厚德”是“大德”，是一种高尚的理想、情怀、品行、操守。“厚德载物”，就是指大德能包容、关爱，让世界充满爱。中国传统文化强调身心的修养，勉励人们努力培养“厚德”，倡导“自强不息”。表意书法《厚德载物》运用嵌入法、象征法构图，将“物”字置于“德”字“心”部中，以此表示承载天下万物之意。这幅《厚德载物图》，对新时代的广大干部、群众当有教益，应当悬挂于厅室，以为勉励。

21.要足何时足，知足便足

知足便足图

“知足便足”出自清代金缨《格言联璧》中收录的一副楹联：“要足何时足，知足便足；求闲不得闲，偷闲即闲。”这副楹联是人生智慧的总结，提出了正确有效的知“足”之道和求“足”之术。心满意足就是一种快乐、幸福的心态。若要“知足”，不能求助于外，只能依靠自身修养，懂得“知足”，“知足便足”。可见，“知足”是一种能力，一种境界。表意书法《知足便足图》运用共用法构图，对于认识和实践知足之道和求足之术，定会有所助益。

22.舍便是得

舍得图

佛门禅语中，有两句在中国传统社会中广为流传，并引人深思，一是“好，就是了”，二是“舍，便是得”。禅语蕴含禅意机锋，从唯物辩证法来看，两句话都符合对立统一规律，是有内在联系的对立物之间相互作用的表现和结果。例如，在追歼敌军的急行军中，为了加快行军速度，必须“舍”，丢掉一些有用的行李甚至部分武器。有所“舍”，最后有所“得”，轻装赶路，追上并全歼逃敌。当然，在决定舍得时，要权衡得失，防止舍了西瓜，捡了芝麻，舍大得小。表意书法《舍得图》运用嵌入法，将“得”字嵌入“舍”字“口”部，直观地表示“得”来源于“舍”。这幅《舍得图》对认识处理舍与得的关系有所助益，可悬挂于厅室，以为指南。

23.扣好人生的第一粒扣子

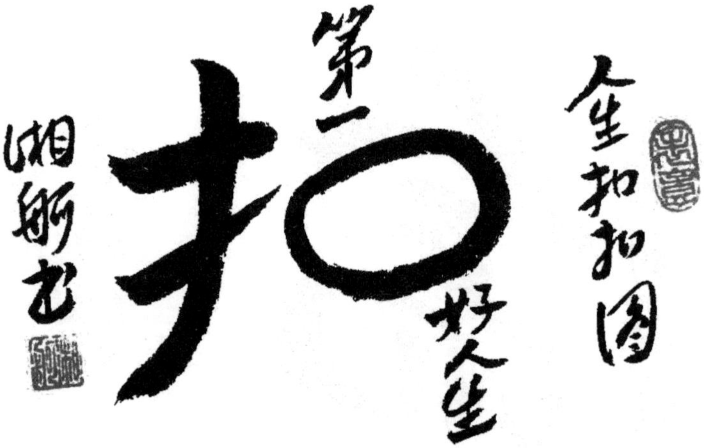

人生扣扣图

关于教育，有人强调不能输在起跑线上，而我们要倡言“扣好人生的第一粒扣子”。对于前者，世人有不同的看法；对于后者，却已经达成共识。我们都有这样的生活经验，衣服的第一粒纽扣必须扣对扣好；否则，余下的纽扣就扣不好，跟着错了。这个比喻告诉我们，一旦确定这件事、这条路、这个计划是你人生的“第一粒扣子”，便要慎重对待。如果发现“第一粒扣子”扣错了，则要当机立断，解开再扣。就是说，第一件事情、第一步、第一个计划如果错了，切不能一错再错，应立即收手，改弦更张，从头再来。据此，表意书法《人生扣扣图》运用象形法、变体法、重点法、象征法等多重构图，以为警示。

24.为恶生悲，行善生乐

行善生乐图

有些人作恶，或为了自己的些许利益，或为了满足自己，但终究改变不了“为恶生悲”的结局。为恶者计有“三悲”：一是眼前之悲，为恶之前、之中或之后难免遭到惩罚；二是良心之悲，为恶之人只要良心未泯灭，一辈子会因受到良知的谴责而不安；三是亲属之悲，后代、亲友代他受过或为他难过。有此三悲，天下为恶者应当收手。勿以恶小而为之，勿以善小而不为。须知小恶难免小悲，小善可得小乐。况且，积小善可成大德。据此，表意书法《行善生乐图》运用组合法、嵌入法构图，将“乐”字置于“善”字的“口”部中，以表行善生乐之意，同时劝勉世人多多行善。

25. 士穷乃见节义

士穷见义图

“士穷乃见节义”语出唐代韩愈《柳子厚墓志铭》。其中的“见”通“现”，是说志士身处逆境时才显现出高风亮节。的确如此，无论人与物，其品质只有在非同寻常的条件下才会被充分显示出来，从而为人所识。对此，文天祥在《正气歌》中有“时穷节乃现，一一垂丹青”的名句，世间也有“烈火见真金，疾风知劲草”之论。这就要求我们知人识物，应观察其在非常环境中的品质。只有能经受严格检验的，才能见出其本性及价值。这可称之为“非常识别术”。表意书法《士穷见义图》运用包裹法构图，直观、明了地展现了这一“非常识别术”，以供世人参考。

第二章

文艺类作品解读

1.“路漫漫其修远兮，吾将上下而求索”

上下求索图

“路漫漫其修远兮，吾将上下而求索”出自屈原代表作《离骚》。此句言简意赅，精辟深刻，对人生、功业、学问、理政都有指导作用，可作为座右铭。依据这一诗句的含义，表意书法《上下求索图》运用入形法、依傍法，将大草的“路”字以曲折漫长之形写出，以示“路漫漫其修远兮”之意。这幅《上下求索图》，直观、形象、明了地将诗句的意义呈现在读者眼前，旨在颂扬、倡导百折不挠的“求索”精神和坚贞的品德；用表意书法这一“文字国画”展现“路漫漫其修远兮，吾将上下而求索”之意象，意在鼓励人们在新的长征途中“上下求索”，不辞辛劳，不怕挫折。

2. 大漠孤烟直，长河落日圆

大漠孤烟图

“大漠孤烟直，长河落日圆”出自唐代王维的《使至塞上》，是描写边塞风光的名句。正如苏轼所说，王维的诗有一大特色：诗中有画。《使至塞上》是诗中有画的代表作，其中的“直”“圆”两字，是点睛之笔。据此，表意书法《大漠孤烟图》运用入形法、重点法、依傍法将“漠”字大写、“烟”字小写，从而形象、直观、生动地表现了荒漠广阔浩大而细小的炊烟“孤”且“直”地插入苍穹的奇景异观。尔后，将“河”字以大草拖长写出，“日”字则以入形法写（画）成圆形，并置于“河”最后一笔下，由此呈现长河拥落日，或者落日浮长河的奇观。以“漠”“河”两字为主体的表意书法《大漠孤烟图》，是用表意书法对祖国边塞风光的独特表达。

3. 远上寒山石径斜，白云生处有人家

寒山石径图

“远上寒山石径斜，白云生处有人家”是唐代杜牧《山行》的首联，是古代山水诗的杰作。《山行》不仅描绘了天寒时节远山石径横斜、直挂山峰的奇妙景观；而且对于白云生处的人家流露出注意、关切与兴趣。据诗歌意境，表意书法《寒山石径图》运用入形法、依傍法，在“山”字右下方书写草体“石”字，并将“石”字左边那一撇呈山径小道的形状曲折写出，可谓一幅情趣盎然的汉字国画，令人神往。即使在寒冷的冬日，想那曲折的石径上，也会有三三两两的游客。

4.东边日出西边雨，道是无情却有情

无情有情图

“东边日出西边雨，道是无情却有情”是唐代刘禹锡《竹枝词二首·其一》中的名句。诗人将“东边日出西边雨”这种夏天常见的自然景象，颇具匠心地与“道是无情却有情”这种说不清道不明、希望与失望交织、甜蜜与痛苦混合的情感联系起来，让人遐想。根据诗的意境，表意书法《无情有情图》运用依傍法、入形法、增减法，在“边”字的右侧（东方）以象形法书写一个“日”字；左侧（西方）则书写“雨”字并增加数点，以示雨骤，暗示恋爱中的人，“道是无情却有情”。

5.床前明月光，疑是地上霜；举头望明月，低头思故乡

床前明月图

“床前明月光，疑是地上霜；举头望明月，低头思故乡。”这首诗是唐代大诗人李白的五言绝句《静夜思》。异乡、故乡共照一轮明月，因此使远离故土之人见月而生思乡之情。李白的《静夜思》明白如话，清淡似水，却流露出浓浓的思乡之情，所以千百年来为中国老幼所喜爱。据此诗意境，表意书法《床前明月图》首先运用组合法，在“床”字的右上方配置一个小小的“月”字，以表月升中天，普照四方万物；接着在“床”字的下方大写一个“地”；再用颠倒法将“霜”字横置“地”字的竖弯钩之中，以表示地上洒满如霜的月光，一幅直观、形象的《床前明月图》无形间增添了乡愁乡思。

6. 星垂平野阔，月涌大江流

月涌大江图

“星垂平野阔，月涌大江流”为唐代大诗人杜甫《旅夜书怀》中的颈联。人称此联与李白“山随平野尽，江入大荒流”有异曲同工之妙。但是，由于此联的诗意归结为“飘飘何所似，天地一沙鸥”，看似雄壮，实际却蕴含极浓厚的悲凉无奈之情感。表意书法《月涌大江图》运用入形法，将“江”字下边一横呈江水流动状写出，在它的上方书写一个小小的“月”字，再在下面连写三个“月”字，以表示无数的月影随大江涌流。《月涌大江图》，如同绘画，将杜甫所描绘的“星垂平野阔，月涌大江流”的壮丽形象生动地呈现于读者眼前。

7.天生一个仙人洞，无限风光在险峰

险峰风光图

“天生一个仙人洞，无限风光在险峰”是毛泽东《七绝·为李进庐山仙人洞题照》中的名句。此联富于人生哲理，告知世人：“无限风光”不在寻常之处，而在“险峰”之上。若想目睹“无限风光”，享受“无限风光”的美好，就应当不畏艰险劳苦，百折不挠勇攀险峰；而“世上无难事，只要肯登攀”，敢于攀登者，一定能领略“无限风光”。为了形象地表达此联诗句的思想意境，表意书法《险峰风光图》运用重点法、依傍法大草书写“峰”字，将“风光”二字分别置于“峰”的左右两边，将诗中蕴含的意境直观地呈现在读者眼前。

8. 春色满园关不住，一枝红杏出墙来

红杏逾墙图

“春色满园关不住，一枝红杏出墙来”出自南宋叶绍翁的《七绝·游园不值》。春色由春风春雨迎来，必将随同春风春雨飘向山川田园。因此，小小的花园是关不住盈盈春色的。“天涯何处无芳草”，天地何处无春色。读者诸君请看，一枝红杏不是带着浓艳的春色探出墙外来了吗？据此美好诗意，也是春色的意愿，表意书法《红杏逾墙图》运用变体法与包裹法，将“色”字的竖弯钩变形为圆圈，以示春色满园之意，再将“杏”字置于“色”字末笔，借此表示“红杏”带着“春色”探出园外之意。

9.红杏枝头春意闹

杏花闹春图

“红杏枝头春意闹”是北宋诗人宋祁《玉楼春·春景》一词中的名句。此句的出彩之处是用“闹”字来形容红杏枝头春意浓烈的景象。词作者匠心独运，以有声之字来描写无声之景，从而使静物生出“动”意，使寂静之处变为热烈之地。读到此句，读者仿佛“听”到红杏枝头的春意之声，又见到红杏枝头的春意之形。总之，“闹”字的巧用，成为我国古典诗词中最精当的画龙点睛手法之一，是成功的以动写静的典型。而红杏枝头之所以春意闹，是由于杏花在春风中开得热烈繁盛之故。词句字面上写“春意闹”，实际是繁花闹春，是以虚写实。为了表达这一词句的意境，表意书法《杏花闹春图》运用替代法、入形法，首先大写一个“杏”字，将“杏”字右捺变形，化为长长的枝条，后再在上面用草书写三个“花”呈品字状布局，以示红杏枝头繁花热烈地争奇斗艳，即所谓“春意闹”也。

10. 红军不怕远征难，万水千山只等闲

万水千山图

“红军不怕远征难，万水千山只等闲”是毛泽东《七律 · 长征》中的首联。《长征》首联便气概非凡，壮人胆魄，为整首诗定下了斗志昂扬、气足神完的基调。为了表现此联诗句中洋溢的英雄主义气概，表意书法《万水千山图》运用重叠法、入形法，首先将草书“征”字呈曲折道路状写出，以表示万里长征之意；再在“征”字的上方呈“品”字书写三个草书的“水”和“山”字。“三生万物”，三个“水”和“山”字，表示“万水千山”之意。这样构建的表意书法《万水千山图》形象生动，励人斗志。

11.问苍茫大地，谁主沉浮

谁主沉浮图

“问苍茫大地，谁主沉浮”是毛泽东《沁园春·长沙》中的名句。这首词写于1925年，当时的中国大地，各种政治势力激烈争斗，但新兴力量还比较弱小，中原逐鹿，胜负难以预料。毛泽东立足长沙水陆洲，放眼神州大地，继屈原之后，发出“问苍茫大地，谁主沉浮”的“天问”。毛泽东在这首词的下阕回忆“恰同学少年”及学习生活，意在回答“主宰大地沉浮”的不是他人，而是“风华正茂”、敢于到“中流击水，浪遏飞舟”的先进人物，以及由他们组织、领导的广大劳动群众。表意书法《谁主沉浮图》运用倾斜法、人形法，将“地”字以大草写出，并将其竖弯钩呈波浪状拖长，以示“苍茫大地”之意；结体左低右高，呈倾斜之势；尔后在其左下角配置“沉”字，右上角配置“浮”字。由此构建而成的《谁主沉浮图》，形象、明了地传达出这一名句的思想与情感，引人思考，并给人以力量。

12. 咬住青山不放松，立根原在乱岩中

咬住青山图

“咬住青山不放松，立根原在乱岩中”是清代郑板桥《竹石》中的诗句，可作育人励志的座右铭。常在高山危崖间行走的人，常能看到“咬住青山不放松”的感人画面：一棵古松，一根古藤，或者一竿翠竹，一丛杂木，乃至一株青草，它们不畏石硬岩坚，崖危地险，见缝插针，乃至无缝之处也顽强地紧贴石壁伸展根须，犹如铁嘴铜牙一样“咬住青山”。正是由于松、竹、藤、草有顽强不屈的“咬劲”“钻劲”，或者说“贴劲”，从而得以“千锤万击还坚韧，任尔东西南北风”。据此旨意，表意书法《咬住青山图》运用变体法、夸张法、入形法，将“咬”字的“口”部夸张，尔后将草书“青山”置于“口”中，以凸显“咬”的力度。

13. 曲径通幽处，禅房花木深

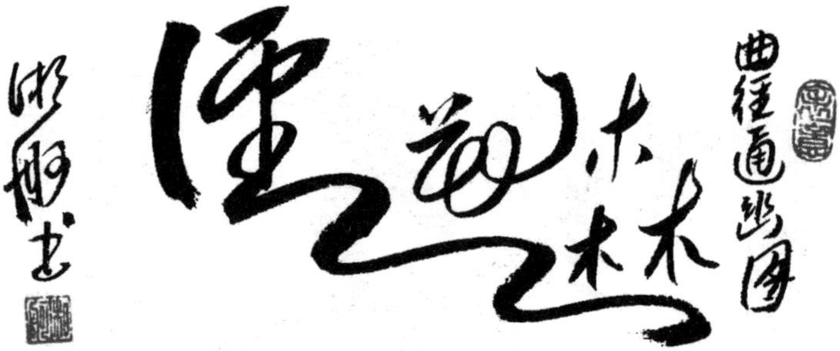

曲径通幽图

“曲径通幽处，禅房花木深”为唐代常建《题破山寺后禅院》的颔联。苏东坡曾说，常建的这联诗句，欧阳文忠公（修）最爱，认为意味不可及。因为一个“幽”字，把径之曲折漫长、小径两旁花木之繁盛、禅房之偏僻与寂静都写尽了。“曲径通幽”四字营造的意境，惹人猜想。这联诗实际是写曲径通幽而禅房难觅，可一旦觅得便脱离了人世红尘，“唯闻钟磬音”。表意书法《曲径通幽图》运用入形法、替代法，将草书“径”字的底下一横呈曲折形状写出，以示其为“曲径”；尔后在“径”的上方分别配置“花”“木”两字。“花”以草书繁复写出，“木”字则书写三次，所谓三木为“森”，而“森”有“深”意。这样构建的表意书法便将“曲径通幽处，禅房花木深”的意境形象地呈现出来，可谓如绘如描。

14. 明月出天山，苍茫云海间。长风几万里，吹度玉门关

长风玉关图

“明月出天山，苍茫云海间。长风几万里，吹度玉门关。”这两句诗是唐代李白《关山月》的前两联。明代胡应麟《诗薮》评说这两句诗“浑雄之中，多少闲雅”，而笔者以为是“浑雄之中”，多少悲壮。因为后面的诗句着意刻画了战争的残酷：“汉下白登道，胡窥青海湾。由来征战地，不见有人还。”表意书法《长风玉关图》运用入形法、共用法、重叠法、替代法，在“山”字右上方配置一个“月”字，尔后书写“关”字，但它头上的两点分别用“玉”“门”两字代替；最后在“关”字上面书写 “风”字，以示“长风”“吹度玉门关”之意。

15. 敢问路在何方，路在脚下

路在脚下图

“敢问路在何方，路在脚下”是电视剧《西游记》的主题曲《敢问路在何方》中的歌词。这句歌词不仅使歌曲生辉，而且给这部电视剧乃至原著《西游记》增添了光彩。为去西方取经，唐僧师徒的确是用双脚从无路处走出一条路来，可称之为“西游小路”。屈原诗云：“路漫漫其修远兮。”西天取经的确是一条漫长而艰辛的求索之路。这句歌词言简意赅，是对《西游记》及其电视剧主题的高度概括。据此，表意书法《路在脚下图》运用重点法、入形法、依傍法构图，形象诠释了歌词的深刻含义：在大草“脚”字下面小草一个“路”字，表示漫漫长路，是用脚一步步走出来的。此图当悬挂居室，是励志的座右铭。

16. 老骥伏枥，志在千里

老骥伏枥图

“老骥伏枥，志在千里”是东汉末曹操《龟虽寿》一诗中的名联。此联是起兴之句，引出下联：“烈士暮年，壮心不已。”人世间凡不甘老弱、不自认无用者，都喜爱“老骥伏枥，志在千里”这一名联。据此诗句，表意书法《老骥伏枥图》运用组合法、倾斜法、嵌入法、替代法构图，将一老骥虽伏于槽枥而心中犹有千里之志的感人形象如图画般呈现出来，颇具视觉冲击力。

17. 白日依山尽，黄河入海流

白日黄河图

“白日依山尽，黄河入海流”是唐代诗人王之涣《登鹳雀楼》的首联。由它起兴引出的是富有生活哲理且催人奋发的名联：“欲穷千里目，更上一层楼。”“白日依山尽，黄河入海流”一联，虽然言辞朴实直白，但抓住了落日依山时黄河入海的神韵、气势，令人拍案叫绝。据此诗意境，表意书法《白日黄河图》先以象形法书写“山”“日”二字，并用组合法让二者有机结合，形成山含落日之景；再将“河”“海”两字以草书相连，以示“黄河入海流”之意。这幅《白日黄河图》虽只用了“山”“日”“河”“海”四字，却直观、形象地道出了全诗的意境，是一幅胜过画家千笔万画的“汉字国画”。

18. 明月松间照，清泉石上流

明月清泉图

“明月松间照，清泉石上流”是唐代王维《山居秋暝》的颔联。苏东坡盛赞王维的诗“诗中有画”，而这一名联正是王维“诗中有画”的代表作。然而，此诗并非一般的写景诗，其中寄托了诗人的高洁情怀和对理想生活的向往，可谓不着一字，却尽得风流、天真淡雅之极。为此，表意书法《明月清泉图》首先运用大小配置法大写“松”“石”二字，在“松”的上方小书一个“月”字；“松”大“月”小，喻月亮在高天朗照松林之意；尔后运用变异法与颠倒法，在“石”字上面草书“泉”字，以示清泉缓缓在溪涧的青石板上流淌。表意书法《明月清泉图》“画中有诗”，表达了王维寄慨言志的无限意蕴。

19. 渡头余落日，墟里上孤烟

落日孤烟图

“渡头余落日，墟里上孤烟”是唐代王维《辋川闲居赠裴秀才迪》一诗的名联。该诗描绘诗人幽居山村时的秋天景物，借此抒发乐山乐水的闲适之情。这一联所描绘的是山村晴天日暮的景观：诗人身倚柴门，“临风听暮蝉”，偶尔抬头向村外小河的渡口一望，入目的是落日在被映照得火红的江水中缓缓下沉，岸边农家的炊烟正在徐徐升起。表意书法《落日孤烟图》，首先运用组合法和象形法，在行书的“渡”字右上角配置象形字“日”字；尔后再大写“墟”字，在它的左上角配置“烟”字，它的“火”部用象形法书写，显示炊烟孤直而上的情形，由此构成《落日孤烟图》。

20. 小荷才露尖尖角，早有蜻蜓立上头

小荷立蜓图

“小荷才露尖尖角，早有蜻蜓立上头”是宋朝诗人杨万里《小池》中的名联，堪称“诗中有画”的代表作。诗人观察细心，眼光独特，抓住了蜻蜓立于才露尖尖角的荷叶上这一美妙的图画。这幅画诗意盎然，惹人喜爱。总之，蜻蜓找准了立足之处，诗人找准了吟咏之物，好一幅《小荷立蜓图》。表意书法《小荷立蜓图》运用共用法构图：在草书“荷”字右上角，将“蜻蜓”的“青”部、“廷”部上下连接写出，再将“蜻蜓”的形部“虫”字置于二者的右边。这样，由“荷”“蜻蜓”三个字巧妙构图的《小荷立蜓图》，直观、形象、生动地将这一名句的诗意呈现于读者眼前。

21.海内存知己，天涯若比邻

天涯比邻图

“海内存知己，天涯若比邻”为唐代王勃五言律诗《送杜少府之任蜀州》中的名联。此诗之所以能流传千古，在于其上联“与君离别意，同是宦游人”之后，不同于其他赠别诗多含悲酸意气，而是显出昂然积极的精神。清代孙洙称此诗“魄力自异”，的确如此。表意书法《天涯比邻图》运用象征法，首先将“海”字用大草写出，在其上配置“知己”两字；尔后草书“邻”字，再将“天涯”两字分别配置于“邻”的左右两旁，将“海内存知己，天涯若比邻”的情谊，直观地呈现在万千读者的眼前。

22. 书山有路勤为径，学海无涯苦作舟

书山学海图

“书山有路勤为径，学海无涯苦作舟”是唐代韩愈的一则治学名联，旨在勉励天下学子刻苦向学。此联对仗工整，意义深刻，说理透彻，善用比喻，从而形象、具体、使人信服。表意书法《书山学海图》先是运用象形法、变体法、嵌入法，将“勤”字“力”部的一撇呈曲折的小径状写出，再在其上配置“山”字，“山”字中间嵌入两个“书”字，以示书山有路以勤为径；接着将“海”字用草书写出，“学”字置于其上，以示“学海无涯”之意；最后在“海”字中间的横上配置“苦”字，以“苦”作舟。这幅《书山学海图》，将这一治学名联的深刻含义形象地表现出来，当能鞭策有志于学者。

23.一万年太久，只争朝夕

只争朝夕图

“一万年太久，只争朝夕”为毛泽东《满江红·和郭沫若同志》中的名句。改革开放四十多年来，我国在工业化、城市化、现代化道路上快速前进，走过了西方国家几百年的发展历程，正是发扬了“只争朝夕”的奋斗精神。表意书法《只争朝夕图》运用变体法、夸张法、象征法构图，让毛泽东的这一重要思想形象直观地展现出来。

24. 天生我材必有用

天生我才图

“天生我材必有用”是唐代李白《将进酒》中的名句。“天生我材必有用”，是一种理念，也是一种信念；老天既然让我有此才能，我之才必有用武之地，定不会被埋没。这在李白身上被验证了，他写出了那么多优秀的诗篇，人称“诗仙”。今天，世界已进入了全球化、智能化的新时代。这个时代，为各种“天生”之才提供了空前广阔的经济、政治、文化科教舞台，因而可以做到人尽其才。据李白诗意，表意书法《天生我才图》运用点睛法构图，突出重点“用”字，不仅表示“必有用”，而且是大有用。

25. 将刀放入君心底，不使锋芒伤世人

刀置心底图

“将刀放入君心底，不使锋芒伤世人”为楚南《咏“忍”》一诗的颔联。世人都知道“忍字头上一把刀”，如果遇事不能忍，头上那把刀就有可能砍下来，伤了自身。为此，应当“将刀放入君心底”，以理智强压愤怒这个魔鬼。据此诗意，表意书法《刀置心底图》运用变体法，将“刃”置于“心”字中间，并将“心”的那一点移至上方，以去其锋芒，以增强心灵控制“刀”的力量。

第二章 名言警句类作品解读

1.水可载舟，亦可覆舟

警钟长鸣图

“水可载舟，亦可覆舟”出自唐代魏徵的《谏太宗十思疏》，意在劝谏唐太宗居安思危、戒奢以俭、积其德义。魏徵把统治者与老百姓的关系比作“舟”“水”关系。这个比喻非常贴切，具有很强的警示作用、鞭策力度。表意书法《警钟长鸣图》运用入形法、依傍法、倾斜法，将草书“水”字呈波浪滚滚状，在它上面正写一个“舟”字，而下面的“舟”则倒写。由此构建的文字图形，让人直观地看到：滔滔江水既有情又无情，任何人都不要怀疑它具有载舟覆舟的双重功能。此图可悬挂于办公室，以为警示。

2.让权力在阳光下运行

权力运行图

大至一个国家，小到一个组织，“让权力在阳光下运行”是防止权力被滥用的有效举措。这一举措意味着权力的运行过程及结果置于广大群众的监督之下，从而可以较为有效地杜绝各种形式的暗箱操作。当然，要真正做到“让权力在阳光下运行”并非易事，重要的举措是尽可能实行“政务公开”。表意书法《权力运行图》运用变体法、入形法，让“光”字普照其下的“权力”两字，直观、形象、明了地将“权力在阳光下运行”这种令人欢欣鼓舞的场景呈现出来。此图可悬挂于办公室，以为劝导。

3. 绿水青山就是金山银山

金山银山图

“绿水青山就是金山银山”是习近平同志2005年8月在浙江安吉余村考察时提出的科学论断。在现代化社会中，之所以“绿水青山就是金山银山”，是因为“绿水青山”具有两方面的价值，一是经济价值，二是社会文化价值。绿水青山不仅是具有直接的经济价值，而且有利于人们的身体健康，能满足人民精神文化的需要。据此，表意书法《金山银山图》运用入形法、共用法、嵌入法、替代法构图，直观地表示了绿水青山与金山银山的内在关联：将大草“绿”字呈流水状拖长写出，以示绿水长流，尔后在它上面书写“山”字，再将“金”“银”二字分别嵌入“山”字的左右两边。

4.既打老虎，又拍苍蝇

打虎拍蝇图

“既打老虎，又拍苍蝇”反映了党中央在惩治腐败这一大是大非问题上的原则立场和政策措施。这是对反贪污、反腐败战略的一次重要调整，使反腐斗争更加有力和彻底，对于预防、抑制腐败蔓延也有着重要意义。表意书法《打虎拍蝇图》运用共用法、颠倒法构图，形象、生动、明了地表示了“既打老虎，又拍苍蝇”这个反腐方略的旨意。这幅文字是这样构建的：在大写的“打”字“丁”部下面书写“虎”字，以示“打虎”；再在“虎”字下方书写“白”字，尔后在“白”字下方置一“蝇”字，以示“拍蝇”。这幅文字图形巧妙之处是“丁”与“白”共用“扌”部，由此形成“打”“拍”二字。

5.落后就要挨打

落后挨打图

历史学家胡绳曾经说过："在近代中国前面摆着两个问题：即一、如何摆脱帝国主义的统治和压迫，成为一个独立的国家；二、如何使中国现代化。这两个问题是密切相关的。"如何相关？胡绳进一步解释："因为落后，所以挨打；因为不断挨打，所以更落后。这是一个恶性循环。"为了从根本上改变这种状况，我们必须奋发图强努力奋斗，大力发展科学技术，不断提高经济质量。表意书法《落后挨打图》运用依傍法、颠倒法构图，"落后"两字置于"打"字下面，以示鞭策。

6. 权为民所用、情为民所系、利为民所谋

心装人民图

“权为民所用、情为民所系、利为民所谋”是我们工作获得最广泛、最可靠、最牢固的群众基础和力量源泉，是我们事业禁得起风浪、风险、考验的重要保障。一个人要做到为民掌权、为民用权、不以权谋私、不滥用手中的权力，就必须心中装着国家，装着人民，时时处处想到手中的权力是人民给的，应当为人民谋利益。焦裕禄同志之所以能够全心全意为人民服务，就是他心中装着人民群众。表意书法《心装人民图》运用嵌入法构图，悬于办公室，以为勉励。

7.凡事预则立，不预则废

预则立图

“凡事预则立，不预则废”出自《礼记·中庸》，是治国理政的重要法则。“凡事预则立，不预则废”是认真总结大量事业成败的正反经验得出的科学结论，揭示了事前谋划准备和事情兴败二者之间的密切关系。可以说，这是事物发展的一条客观规律。表意书法《预则立图》运用依傍法、重点法，先大写“立”字，再将“预”字分开依傍于它的左右两侧，直观、明了地表示“预”是事业成功的基础和前提条件，旨在提醒决策者们要以“预”防“废”啊！

8. 千里之堤，溃于蚁穴

蚁穴溃堤图

“千里之堤，溃于蚁穴”出自《韩非子·喻老》的“千丈之堤，以蝼蚁之穴溃；百尺之室，以突隙之烟焚”。大意是，千丈长的大堤，因蝼蚁之洞而溃决；百尺高的房屋，因烟囱裂缝中迸出的火苗而被焚毁。后人常把这句话化用为“千里之堤，溃于蚁穴”，用以说明不注意小事则会酿成大祸，造成严重的损失。有些人看了这句话，不禁为之震动；而有些人看了之后也许会心生疑问。但这句话所说的却是千真万确的事实，而且这种现象并非个别。正是由于有些人不重视千里之堤上的“蚁穴”，即使看到了也没有给予应有的重视，未能及时采取补救措施而致使大堤崩溃。治国理政者应当吸取类似的教训，要注意发现那些潜伏着巨大危险的“小事”、不起眼的问题。表意书法《蚁穴溃堤图》运用变体法、入形法、嵌入法构图，旨在引起人们对各种“蚁穴”的警惕。

9. 人民就是江山，江山就是人民

人民江山图

“江山就是人民，人民就是江山”，是中国共产党百年奋斗史的生动写照。党的百年历史，就是一部践行党的初心使命的历史，就是一部党与人民心连心、同呼吸、共命运的历史。表意书法《人民江山图》运用变体法、嵌入法构图，对于人们理解并牢记这一重要理念是有助益的。此图宜悬挂于办公场所，以为勉励。

10. 群众是真正的英雄

群众英雄图

为了破除官僚主义，毛泽东同志历时三十二天调研写成《湖南农民运动考察报告》，立起了依靠人民群众察实情的典范。他在《〈农村调查〉的序言和跋》中深刻指出：“人民群众是真正的英雄，而我们自己则往往是幼稚可笑的。”这是毛泽东的“群众英雄观”“人民英雄观”。表意书法《群众英雄图》运用包裹法构图，将“英雄”置于“众”字中心，从而直观地表示群众是真正的英雄、英雄在人民群众中间的观念。

11.作风建设永远在路上

作风建设图

作风体现党的性质，代表党的形象，关乎党和国家事业的兴衰成败。持之以恒抓作风建设，是我们党管党治党的一条基本经验。而作风建设的核心问题是保持党同人民群众的血肉联系。目前，官僚主义、形式主义作风在一些地方还比较突出，如有的单位将基层工作当作“面子工程”，又如有的干部在工作中搞“走读式”“挂名式”，人到心不到。因此，对于作风建设要打“持久战”，坚持不懈，狠抓不放。据此，表意书法《作风建设图》运用入形法、依傍法构图，先将“路”字呈曲折漫长的道路状写出，尔后将“作风建设”置于上面，以示坚持不懈地抓紧抓好作风建设，作风建设永远在路上。

12.不是东风压倒西风，就是西风压倒东风

东风西风图

“不是东风压倒西风，就是西风压倒东风”一句出自《红楼梦》第八十二回林黛玉对袭人说的话。毛泽东《在中国共产党第八届中央委员会第二次全体会议上的讲话》引用此话：“我们的古人林黛玉讲，‘不是东风压倒西风，就是西风压倒东风’。现在呢，不是阳风阳火压倒阴风阴火，就是阴风阴火压倒阳风阳火。”在当今治国理政中，这句话仍有参考价值。例如，正气与歪风邪气，不是我压倒你，就是你压倒我这样一种关系，二者没有调和的余地。因此，遇到歪风邪气冒头，务必下定决心，硬起拳头将它打下去，决不能任其滋长蔓延。表意书法《东风西风图》运用对比法、颠倒法构图，以警示人们正确对待邪恶势力，发扬敢于斗争的精神。

13. 把权力关进制度的笼子

权力入笼图

“把权力关进制度的笼子”是习近平同志多次强调的一个重要治国理政理念，也是我们国家在新时代的一个重要的治国方略。要建立健全制度，其关键是法纪法规的完善，是在有法可依、有法必依、执法必严、违法必究的同时，使权力的使用能得到有效的监督。表意书法《权力入笼图》运用象征法、变体法、包裹法构图，直观、形象、明了地诠释了这一重要的治国方略。

14.法大于权，依法用权

依法用权图

“天下之事，不难于立法，而难于法之必行”出自明代张居正的《张居正奏疏集》。法治思维，核心是解决“法大于权”还是“权大于法”的问题。建立健全的法制，在法律的约束下运用权力，是人类社会进步的标志，也是社会长治久安的可靠保证。因此，每个公民应当树立“法大于权、依法用权”的坚定理念。表意书法《依法用权图》运用象征法、对比法、嵌入法构图，形象、明了地表示“法大于权”、法上无权、权外有法的理念，旨在强调培养依法办事自觉性的重要性。

15.摸着石头过河

摸石过河图

“摸着石头过河”出自歇后语：“摸着石头过河——踩稳一步，再迈一步。”之后，这富有民间智慧的歇后语被借用来表示一种科学的工作方法，表示面对新事物要本着稳妥的态度，进行探索。此外，“摸着石头过河”也是我国改革开放方式方法的一个形象说法，也是我国改革开放以来一个不容置疑的正确方略。它倡导改革开放要一步一步地摸索前进，反对急躁冒进：既要心细，又要胆大。这一方略使我们国家改革开放几十年来得以稳步发展前进。据此，表意书法《摸石过河图》运用象形法书写“河”字，将“摸”字置于“河”字上面，最后在“摸”字的前方书写三个“石”字，“三生万物”，象征我国改革开放经过了千难万险的艰苦探索，形象地诠释了这一重要方略的旨意。

16. 民以食为天

食以天图

“民以食为天”出自《汉书·郦食其传》：“王者以民为天，而民以食为天。”“天”在中国人的心目中，是最具权威的，因此形容一件事情重要，就说它大如天，甚至比天还大。民以食为天，是说对于黎民百姓来说，粮食为生活所系，吃饭是天大的事情，应当摆在一切工作的首位，即粮食要牢牢掌握在自己手中。表意书法《食以天图》运用对比法构图，将“天”字大写，左右两边配置小写的“民”“食”二字，以为警示。

17. 凡事预则立，不预则废

教育立国图

在21世纪，人类社会的发展进入新的历史时期。这个时期的经济是知识经济、智能经济、文化经济、幸福经济；这个时期的社会，是和谐社会；这个时期的国家是美丽国家。这一时期要大力发展教育，培养千百万既有科学技术知识，又有文化修养的新型人才。为此，要再次强调提出和树立“教育立国”的理念。表意书法《教育立国图》运用倾斜法、象征法构图，有助于人们增强这一理念。

18.赏罚分明

赏罚分明图

“有赏有罚，赏罚分明”是治国理政的重要原则和方略。切实施行这一方略，就将使勤奋工作、开拓进取、见义勇为、助人为乐、爱国爱乡者能得到应有的奖赏；而让那些贪图享受、不思进取、损公肥私、玩忽职守、损人利己、危害国家者得到应有的处罚。这样，正气上升，邪气不张，从而形成人人勤奋工作、努力进取、为国尽力、为民尽责的良好的社会秩序。表意书法《赏罚分明图》运用变体法、象形法，将“分”字“刀”部那一撇如“刀柄”般拖长，再在它的左右配置“赏”“罚”二字，以示褒扬和警示。

19. 发扬愚公移山的精神

愚公移山图

愚公移山的故事家喻户晓，毛泽东同志在1945年6月11日中国共产党第七次全国代表大会上发表闭幕词，题为《愚公移山》，号召以愚公移山的精神，下定决心，不怕牺牲，排除万难，去争取胜利。民主革命时期，在中国共产党的领导下，中国人民英勇奋斗，搬掉了三座“大山”；在新时代，我们改革的路上，又遇到新的三座“大山”——贪污腐败、贫困和环境污染。面对这三座新的“大山”，我们正展开攻坚战。而要取得这三大攻坚战的胜利，同样需要继承弘扬愚公移山的精神。党的十八大以来，习近平同志多次提到要弘扬愚公移山精神，如“立下愚公移山志，坚决打赢脱贫攻坚战”“立下愚公志，心中常思百姓疾苦”，赞誉李保国为“太行山上的新愚公”等。表意书法《愚公移山图》运用变体法将草书“山”字分割开来，“愚公”分置，以为勉励。

20.天下为公

天下为公图

天下为公，是中国传统文化的基本理念。孙中山十分推崇这一理念，曾书写匾额，以励同志。不言而喻，“天下为公”与“家天下”的观念是完全对立的。孙中山力主推翻帝制，创建民国，旨在实现这一理念。新时代，实现天下为公理念的经济、社会条件逐渐成熟。我们的党和政府倡导在国际关系中应遵循平等、和谐、互利双赢原则，在国家治理中实行为人民服务的方针，都是旨在实现天下为公这一基本理念。表意书法《天下为公图》运用替代法构图，将“天下”两字取代“公”字的左撇右捺，直观、明了地诠释了这一理念。

21. 理念决定行动

理念行动图

“理念决定行动，思想引领方向。”习近平同去在纪念中国共产党成立九十周年党建研讨会上强调：“中国共产党九十年来所以能够不断发展壮大，所以能够带领人民创造举世瞩目的伟业，一个根本原因，就在于始终坚持科学理论的指导，坚持把马克思主义基本原理同中国革命、建设、改革具体实际相结合，不断推进马克思主义中国化，实现了党的指导思想和基本理论的与时俱进。”表意书法《理念行动图》运用象征法、嵌入法构图，直观明了地诠释了“理念决定行动”观念。

22.久久为功

久久为功图

“久久为功”，意为要持之以恒，锲而不舍。习近平同志多次强调“久久为功”作为一种工作方法的重要性：“为群众办实事，要扎扎实实，坚持不懈，久久为功。”“抓任何工作，都要有这种久久为功、利在长远的耐心和耐力。”表意书法《久久为功图》运用变体法、象征法，将“久”字的右捺呈波浪状拖长，象征时间如流水；再将“功”字置于其上，旨在勉励人们坚持不懈。

23.以文化人

以文化人图

“以文化人”源自《周易·贲》:“刚柔交错,天文也。文明以止,人文也。观乎天文,以察时变;观乎人文,以化成天下。”“以文化人”蕴含着中国传统文化的精髓,也是中国传统文化的特色。在封建社会中,统治者一直把“以文化人”作为治理国家的根本之道,具体是用儒家“修身、齐家、治国、平天下”的思想教育人、塑造人。其中有一个基本理念:人是需要教育的,也是可以被教育好的。毫无疑问,这个理念对于培养“时代新人”具有参考价值。表意书法《以文化人图》运用象征法、包裹法构图,直观、明了地诠释了这一中国传统文化精髓的旨意。

24. 干部要心存“敬畏”

心存敬畏图

人生在世，要心存敬畏，心中有个“怕”字。一个人心存“敬畏”，决策行事，才不至于为所欲为、胡干蛮干，而是有所遵循，有所顾忌。作为管理者，更要心中有“敬畏”二字，要敬畏天道人心、纲纪法规、道德良知，如此清正廉明的吏治就有了基本保障。表意书法《心存敬畏图》运用包裹法构图，直观、形象地诠释了“心存敬畏”之旨意，宜悬挂于办公场所，以为警示。

25. 以战止战

以战止战图

面对进攻，人们可以采取多种应变策略。《商君书 · 画策》云：“以战去战，虽战可也。”作为一种应变策略，“以战止战”便是用进攻的手段来反击对手的进攻。表意书法《以战止战图》运用变体法、替代法构图，直观、明了地诠释了“以战止战”的旨意。

第四章

习俗类作品解读

1. 和气能生财，蛮横客不来

和气生财图

中国人修身、齐家、治国、平天下，都坚持和谐理念，奉行“和而不同”法则。在经济生活中，中国人信奉和气生财之道。实践证明，这是生财殖货的有效方略。因为和能合众，和能齐心。表意书法《和气生财图》运用象征法、嵌入法构图，“财”字置于“和”字“口”部中，旨在劝诫世人谨遵和气生财之道，促使经济健康发展。

2.靠山吃山、靠水吃水

靠山靠水图

几千年来，人们“靠山吃山、靠水吃水”。随着社会的进步，我们的生活、发展方式也应当与时俱进，以“绿水青山就是金山银山”的理念为指导，致力于生态经济的发展，让青山常在、绿水长流，从而能永续利用，可持续发展。这是对“靠山吃山、靠水吃水”的科学阐释。据此，表意书法《靠山靠水图》运用嵌入法、象征法构图，旨在阐释“靠山靠水”之靠乃是保护“青山绿水”。

3.小沟里翻了船，平地上翻了车

小沟翻船图

“小沟里翻了船，平地上翻了车”，是指由于身处顺境或良好的环境中而放松了警惕，甚至粗心大意，从而遭受原本可以避免的损失和灾祸。此类的话还有“大意失荆州”等。类似让人刻骨铭心的经验教训，是值得每一个人吸取的。“小心无大错”“小心撑得万年船”这些古训，应牢记在心。表意书法《小沟翻船图》运用颠倒法、嵌入法构图，旨在劝诫世人行事当时时处处小心在意。

4.雷声大，雨点小

雷大雨小图

与“雷声大，雨点小”相似的民谚还有：“光打雷，不下雨。”一般情况下，电闪雷鸣是下雨的前兆，雷声越大，随之而来的雨点也越大。但也有特殊情形，打雷了却没有下雨；或者是雷声很大，雨点却不大，令盼雨者很失望。这条谚语常用来形容相似的社会现象：有的人或单位，行事“雷声大，雨点小”，声势造得很大，口号喊得很响，但迟迟不见实际行动；即使好不容易动起来了，但收效甚微。一些地方的“面子工程”就是如此，是形式主义，是弄虚作假，应当被批判，必须根治。据此，表意书法《雷大雨小图》运用伸缩法、对比法、增减法，将“雷”字大写，“雨”字小写以示“雨点小”之意，旨在批判形式主义、弄虚作假等社会现象。

5.多个朋友多条路

朋友如路图

在中国的世俗文化中，“朋友”二字有着重要的地位与价值，民间有“在家靠兄弟，出门靠朋友”“多个朋友多条路”之说。人们在遇到困难时，希望能够得到朋友的指导帮助，通过“朋友”这条路渡过难关。据此，表意书法《朋友如路图》运用共用法、变异法、象形法构图，将“友”字的右捺拖长书写。当然，还可在“多”字结笔上面书一“条”字，下面书一“路”字，直观诠释了“多个朋友多条路”这一民谚的劝世旨意。

6. 不怕虎生三个口，只恐人怀两样心

两样心图

“不怕虎生三个口，只恐人怀两样心。”看了这条民谚，涉世不深的人也许认为这句话言过其实。但是，必须承认，怀有两样心的人确实可怕。众所周知，《水浒传》里的武松、李逵及打虎将李忠都曾打死猛虎，老虎无奈他何，但后来三人却被宋江这位怀有两样心的哥哥害惨了。他们不知道，宋江杀阎婆惜萌生了反叛之意，但心中却期待朝廷有朝一日能够开恩“招安”。在今天，那些热衷于争名夺利、以权谋私，以及搞形式主义、弄虚作假的人，就长有两副面孔、两样心，从而给党和人民的事业带来了巨大的危害和损失。据此，表意书法《两样心图》运用共用法、象征法构图，“人”字左右两边分别正写和斜写两个“心”字；以示它们是不同的“两样心”，旨在警示人们提高对“人怀两样心”的警惕。

7. 台上一分钟，台下十年功

台下“十年功”图

“台上一分钟，台下十年功”是点赞梨园艺人勤学苦练的精神，意在向世人说明：台上表演的每一分钟“功夫”都来之不易，非一朝一夕能够练成。因此，观众应当尊重他们的辛勤劳动成果。推而广之，不仅演艺界，各行各业的手艺人、专业工作者的“功夫”，也同样是长期勤学苦练的结果。今天，国家提倡“工匠精神”，就是要求我们坚持不懈、勤学苦练，以练成过硬的“功夫”。据此，表意书法《台下“十年功”图》运用变异法、象征法构图，“台”字的“口”部夸张地扩大写出，尔后在它的上面书写“一分钟”，下面书写“十年功”，旨在激励人们坚持刻苦学习，练就真功夫。

8.关公门前耍大刀

关公门前耍刀图

俗话说：鲁班面前莫弄斧，关公门前不耍刀。这是要求在内行人面前不要卖弄学问与功夫，以免露出破绽，被人耻笑。但是，如果那位“关夫子”待人甚好，乐于扶掖后进的话，也可在他面前适当耍耍大刀，借机请他指点批评，从而增长见识、明了自己的不足。据此，表意书法《关公门前耍刀图》运用嵌入法、象征法构图，先大写一个“门”字，将“关夫子”三字填入其中，然后在“门”字的“、”部斜上方写一个“刀”字，旨在鼓励世人学习上进。

9.失败是成功之母

成功之母图

“失败是成功之母”是经验之谈，也是确论。它揭示并肯定了失败与成功之间的内在关联。可以说，人世间大大小小的事业，在取得成功的过程中，都无一例外曾经遭受各种各样的挫折、或大或小的失败。正是经历了无数次大大小小的失败，吃一堑长一智，在失败中积累了经验，找到了好的方法与途径，最终取得成功。因此，树立失败是成功之母的理念，对于建功立业至关重要。表意书法《成功之母图》运用象征法、替代法构图，巧妙地用“失败”两字取代“母”字的两点，可悬挂于厅室作为座右铭，旨在启迪和鼓励。

10. 老虎屁股摸不得

老虎屁股图

“老虎屁股摸不得”，世人谈虎变色，可见人们对“虎大爷”害怕到何等程度。这条谚语是把那些人们惹不起、只能绕着走的“人物”比作“老虎屁股”，劝告世人不要招惹他们，以免吃亏。但是，正如世界上有矛就有盾一样，有老虎就有打虎人。古有景阳冈上的武松，今有反贪战场的英雄，他们都敢于打老虎，而且敢打“大老虎”，自然敢于摸“老虎屁股”。表意书法《老虎屁股图》运用嵌入法、象征法构图，意在为反贪英雄点赞。

11. 明知山有虎，偏向虎山行

虎山行图

现代京剧《智取威虎山》中有这样一句唱词：“明知征途有艰险，越是艰险越向前。”“明知山有虎，偏向虎山行”与它旨意相同，但更形象，更具震撼力，更能感动人。当今国际形势风云变幻，我们国家在前进的道路上，碰到各种“拦路虎”。因此，中国人民需要具有“明知山有虎，偏向虎山行”的英雄气概、斗争精神。据此，表意书法《虎山行图》运用变异法、象征法，将草书“行”字呈山间曲折小路状拖长，用以表示上山路径；在其上方写一个“山”字，最后将“虎”字嵌入“山”中，由此构成《虎山行图》，旨在鼓励世人不畏险阻，勇往直前。

12. 狗急跳墙，兔急咬人

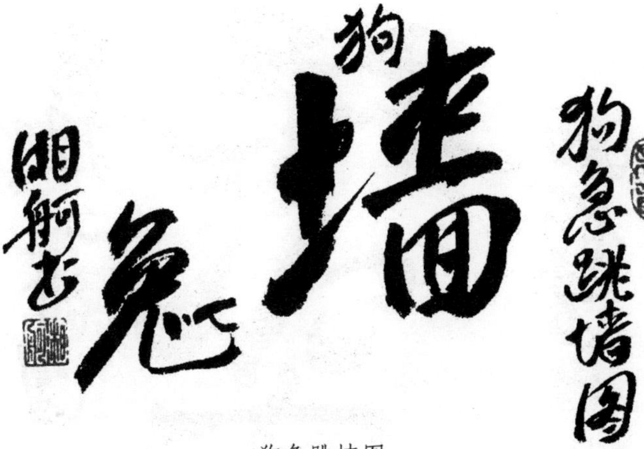

狗急跳墙图

“狗急跳墙，兔急咬人。”一般来说，狗会咬人，不会爬墙；兔会上坡，不会咬人。但特殊情况下，生死存亡关头，为了求生、御敌，或被迫反抗，狗、兔会做出反常的行为：“狗急跳墙，兔急咬人”。这条谚语旨在劝告人们不要把对手逼得太紧太急，以免令其做出意想不到的反常举动，从而让自己遭受不应有的损失。表意书法《狗急跳墙图》运用象征法、嵌入法构图，意在警示。

13. 强扭的瓜不甜

强扭不甜图

与人合作，要双方心甘情愿，不可勉强，更不能强迫，否则就如“强扭的瓜”一样“不甜”，不会有令人满意的结果。因此，凡遇到双方结合、合作的事，为了避免出现“强扭的瓜不甜”的情形，要实行“民主”，让当事人自己做主，不要旁人“当家”，不要强迫。据此，表意书法《强扭不甜图》运用变体法、颠倒法，将“扭”字变体，以示“强扭”；将“甜”字颠倒，以表示“不甜”，旨在劝诫世人不要做“强扭的瓜不甜”这种费力不讨好的蠢事。

14. 山外有山，天外有天

山外有山图

“山外有山，天外有天”是强中更有强中手的形象说法。为人在世，不管能力大小、本领高低，都要懂得这个道理。据此，表意书法《山外有山图》运用象征法、嵌入法构图，在草书“山”字右上角再书写一个“山”字，旨在劝诫世人要谦虚谨慎。

15. 成功的男人背后有一个优秀的女人

优秀女人图

“成功的男人背后有一个优秀的女人。”之所以如此，“家和万事兴”，女性在家庭中具有至关重要的作用。据此，表意书法《优秀女人图》运用重点法、依傍法、象征法构图，先大写一个“背”字，尔后在其右边书写“成功男人”，左边书写“优秀女人”，旨在为优秀女人点赞，并劝诫天下成功的男人要呵护尊重背后的女人。

16. 祸从口出，病从口入

祸从口出图

养生之道，要求管住嘴、迈开腿。“祸从口出，病从口入”，也是要求管住嘴。可见，口嘴对于每个人的凶吉福祸，乃至于生死存亡，至关重要。管住了，用好了，可以给个人乃至民族、国家带来福祉。诸君知道，外交史上就有一言兴邦、一言丧邦之说。与此相反，若是管不住、用不好“口”，乱说乱吃就会“祸从口出，病从口入”，惹是生非，招灾致病。据此，表意书法《祸从口出图》运用变体法、嵌入法，将“祸”的“口”部变成锐角向外的三角形，以示“祸从口出”之意，旨在警示世人切实管住自己的“口”。

17. 众人拾柴火焰高

众人拾柴图

“众人拾柴火焰高”是“团结就是力量”的形象说法。一个人即使力气再大、手法再快，所捡拾的柴火，决不如千百人所捡拾的多。这个比喻很明了，颇有说服力。这是中国人的处事之道，也是建功立业的重要思路和方法。让众人参与，不仅力大势众，更重要的是得以集思广益，能把千万种智慧积聚起来。据此，表意书法《众人拾柴图》运用包裹法、形象法构图，将“柴”字置于大写的“众”字中心，以为鼓励，给人启示。

18. 变压力为动力

压力动力图

“变压力为动力”是人生的一个重要智慧。它有助于我们战胜生活与工作中遇到的困难，走出困境，不断前进，最终实现既定目标。在现代社会，每个人的肩上都担负一定的责任；而工作中竞争激烈，生活节奏在不断加快，这一切形成了很大的压力。我们对待压力的正确态度与方法是不要被压力压倒，挺直腰杆，承受压力，并力求把压力变成动力。据此，表意书法《压力动力图》运用象征法、共用法，先书写“压力”两字，“力”字既大且长；再将“动”字的“云”部置于“力”字左边。这种巧妙的组合构图使一“力”三用：既为“压力”之“力”，还为“动”之重要组成。由此构成的《压力动力图》，直观明了地阐释了“压力变动力”的含义，给人以启迪和鼓励。

19.纸包不住火

纸包不住火图

“纸包不住火”这个形象、生动且颇有说服力的比喻是指事实真相是掩盖不了的。人世间有些虚假的东西，即使在一定时间内因善于伪装未能露出马脚，暂时躲过了众人的眼睛；但假的就是假的，伪装终将被剥去，也必定会被剥去，最终必将露出其本来面目。据此，表意书法《纸包不住火图》运用变异法、包裹法、形象法构图，意在警示人们伪装是徒劳。

20. 压死骆驼的最后一根稻草

压死骆驼图

“压死骆驼的最后一根稻草”出自阿拉伯寓言，寓意即使再小的分量，积累起来，也可以沉重如山。这则寓言告诫人们，当事物的承受能力达到临界点时，应格外小心谨慎，哪怕轻到“一根稻草”，也是重逾千斤的负担。否则，像一根稻草可以把庞然大物骆驼压死一样，超过承受能力“极限”的一丁点儿负担，会把人压倒，把物品压坏，从而导致巨大损失。据此，表意书法《压死骆驼图》运用变体法、倾斜法、象征法构图，旨在警示人们注意了解事物承受能力的“极限”，切莫蛮干，以免导致严重后果。

21.怒从心上起，恶向胆边生

怒起心上图

古人认为，怒发于心，恶生于胆，故有“怒从心上起，恶向胆边生”之说。而愤怒是毒药，是魔鬼。因此，我们要加强自身修养，修炼“制怒”之术。同样，当一个人面对功名利禄、美色等时肆意妄为，最终导致恶果。据此，表意书法《怒起于心图》运用共用法、象征法构图，旨在劝诫世人“制怒”。

22. 路是人走出来的

人路图

关于“路”，鲁迅说过这样的话：地上本没有路，走的人多了，便就成了路。这无疑是对路的本质、来源较为中肯的说法。大地上千万条路，都与人有着密切的关系。最早的路，“原生态的路”，正是人走出来的。以后的路，还与人的手发生了密切的关系，是人用手修筑出来的。在路上走的，也不仅仅是脚，还有两个、四个乃至更多轮子的车子。此外，“路”不仅在陆地上，还在水上，中国古代就开辟了“海上丝绸之路”。今日的天空中有不少“航线”，那也是路，是“空中之路”。从路的进化可以看出人类生活、生产的发展进步。据此，表意书法《人路图》运用象形法、象征法、变形法把“人”字的右捺呈弯曲的道路状延长，旨在勉励人们在新时代继续探索和开辟新的前进道路。

23. 手中有粮，心中不慌

手中有粮图

耗子还存三分粮。洞里有了粮，耗子们便可安心过冬。天有不测风云，不可能年年风调雨顺，五谷丰登；同理，人也不可能岁岁平安，富足安康。所谓“手中有粮，心中不慌”，粮食安全始终是悬在人们头上的一把利剑。在这种理念指导下，一是重视粮食生产；二是储备一定数量的粮食；三是有计划用粮，不要浪费。据此，表意书法《手中有粮图》运用包裹法、嵌入法构图，旨在提醒人们重视粮食的生产、储存与使用。

24. 土地下埋着珍珠，劳动中藏着幸福

劳动幸福图

土地下面埋着各种各样的“珍宝”，除了天然的宝石，还有珍贵的文物，更有丰富的矿藏；幸福不是从天降，而是从劳动中获得，劳动是幸福的宝贵源泉。劳动创造财富，而幸福藏在劳动中。据此，表意书法《劳动幸福图》运用嵌入法、共用法构图，旨在启示并鼓励人们致力于发掘劳动中的幸福宝藏。

25. 千里姻缘一线牵

千里姻缘图

男女之间，即使有缘，也需“红线”牵连，由此相识、相爱，最终结成百年之好。但这条“红线”在不同时代的表现也有所不同。在男女“授受不亲”的古代，男女得以结合的“红线”，是由“月下老人”“红娘”“媒婆”牵起来的。而在今天的信息社会，男女婚姻的“红线”，则不仅限于“月老”“红娘”，发达的网络、电视等社交新媒体也可以为其牵连。但不管牵连“红线”者是谁，都不能让婚姻沾染铜臭。据此，表意书法《千里姻缘图》运用变异法、象征法构图，以愿天下有情人得到红线牵连，从而终成眷属。

作品题咏篇

ZUOPIN TI YONG PIAN

第五章

修身类作品题咏

1.功高震主

功高震主图

功高不震主，
居功方伤身；
做事立高标，
低调好为人。

2.名大于才

名大于才图

名大于才是浮名，
风吹浪打难久存；
求事不求名与利，
才大于名方称珍。

3.转危为安

转危为安图

一生平安是美愿，
前路坎坷多艰险；
信心不丧困难前，
临危不惧危转安。

4. 青春奋斗

青春奋斗图

真正青春是奋斗，
人不奋斗无青春；
无限风光在险峰，
青春自当苦攀登。

5. 以学为乐

以学为乐图

寓学于玩耍，
学习有快乐；
如此教儿童，
自然心向学。

6. 一帆风顺

一帆风顺图

一帆风顺是景愿，
生活之中却少见；
逆风也要敢扬帆，
劈波斩浪勇向前。

7.沧海一粟

沧海一粟图

沧海一粟莫嫌小，
大山一木不言少；
万千一粟汇浩淼，
双木成林青未了。

8. 格局结局

格局结局图

性格决定命运，
格局决定结局；
若欲建功立业，
先将格局提起。

9.腹有诗书

腹有诗书图

虚心能使人进步，
只因虚心好学习；
虚心之人不心虚，
腹有诗书有底气。

10. 转败为胜

转败为胜图

转败为胜，
以弱胜强；
智谋为刚，
攻心为上。

11. 走马观花

走马观花图

一日看尽长安花，
走马观花显风华；
君若为花不为心，
若遇花丛当下马。

12. 经历经验

经历经验图

人生经历实可贵，

诸君切莫等闲观；

事业成功抓关键，

善将经历变经验。

13. 三思而言

三思而言图

言多必有失，

只因虑不足；

三思而后言，

做人须守口。

14. 顶天立地

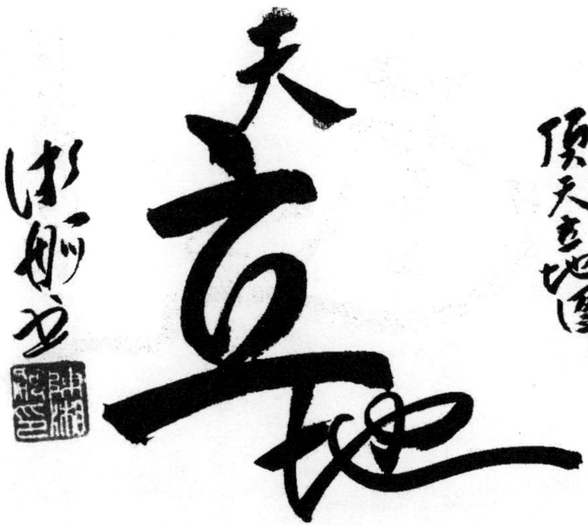

顶天立地图

干事要立地，
见识要顶天；
立地基础牢，
顶天方瞩远。

15. 横行霸道

横行霸道图

劝君莫横行，
霸道犯众人；
试看横行者，
善终有几人。

16. 一手遮天

一手遮天图

云过太阳现，
一手难遮天；
狂徒应收手，
天颜不可犯。

17. 兼听则明

兼听则明图

上天赐两耳，
让人能兼听；
兼听方明白，
遇事不妄评。

18. 无信不立

无信不立图

人无信不立，
此乃为至理；
无信难服众，
孤寡惹人欺。

19. 火上浇油

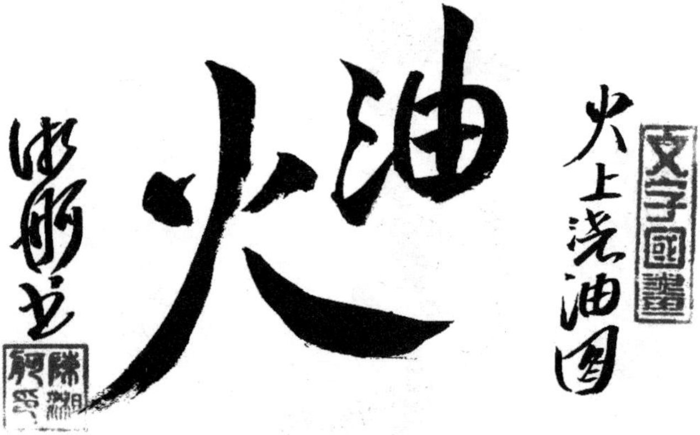

火上浇油图

应泼冷水灭焰火，
切莫火上再浇油；
须知火势大难控，
小心烧到君脚头。

20.手下留情

手下留情图

人当有爱又有情，
得饶人处且饶人；
但凡犯错能承认，
手下留情不应狠。

21. 守口如瓶

守口如瓶图

祸从口中出，

守口当如瓶；

三思而后言，

以免惹祸根。

22. 翻手覆手

翻手覆手图

翻手为云覆手雨，
机关算尽太聪明；
难免一天玩不转，
到头里外不是人。

23. 虎为犬欺

虎为犬欺图

占山称王何得意，
落到平地被犬欺；
为人莫学“虎大爷”，
你若敬人人敬你。

24.落地凤凰

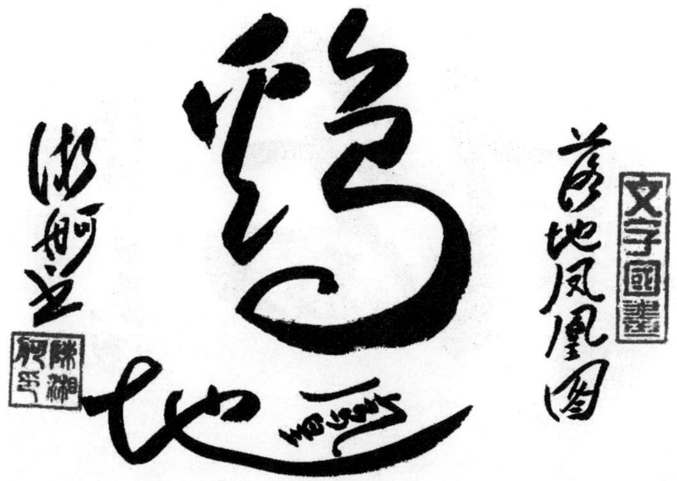

落地凤凰图

修篁时待凤来兮，
一朝落地不如鸡；
能贵能贱能上下，
为鸡为凤随他去。

25. 说话算数

说话算数图

说话要算数，

贵在见行动；

行动有结果，

话语不需多。

26. 鼠目寸光

鼠目寸光图

人若能远虑，
必定有眼光；
莫学洞中鼠，
眼光一寸长。

27. 一叶知秋

一叶知秋图

以小能见大，
从点而知面；
善于看苗头，
高瞻有远见。

28.夹尾做人

夹尾做人图

为人处事，
尾巴夹紧；
说话低调，
行事谨慎。

29.志比山高

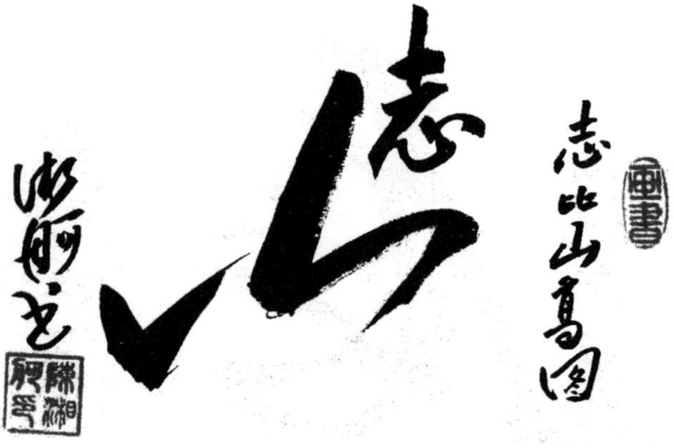

志比山高图

志向比山高，
豪气冲九霄；
如此好男儿，
敢将重担挑。

30. 老马识途

老马识途图

老马识途，

人老知世；

皆为多见，

因而广识。

第六章

文艺类作品题咏

1. 草原放牧

草原放牧图

放眼大草原，
茫茫到天边；
牛羊入白云，
牧人欲飞天。

2. 海滩拾贝

海滩拾贝图

潮头消退后，
彩贝散海滩；
弯腰慢拾取，
灯下细把玩。

3.浮云蔽日

浮云蔽日图

浮云岂能常蔽日，
一朝扫荡见青天；
眼中愁云随风去，
心中快乐风送还。

4.抽刀断水

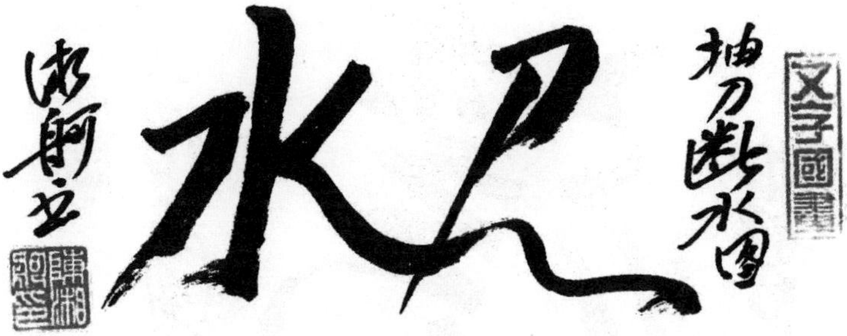

抽刀断水图

抽刀断水水更流，
借酒消愁愁更愁。

——李白《宣州谢朓楼饯别校书叔云》

5.一湾一山

一湾一山图

人言九十九道湾，
黄河湾湾数不完；
只为山高阻前路，
一湾飞越一重山。

6.草上飞

草上飞图

记得当年草上飞，
红军队里每相违。

——毛泽东《七律·吊罗荣桓同志》

7. 长亭雨歇

长亭雨歇图

对长亭晚，

骤雨初歇。

——柳永《雨霖铃》

8. 山高月小

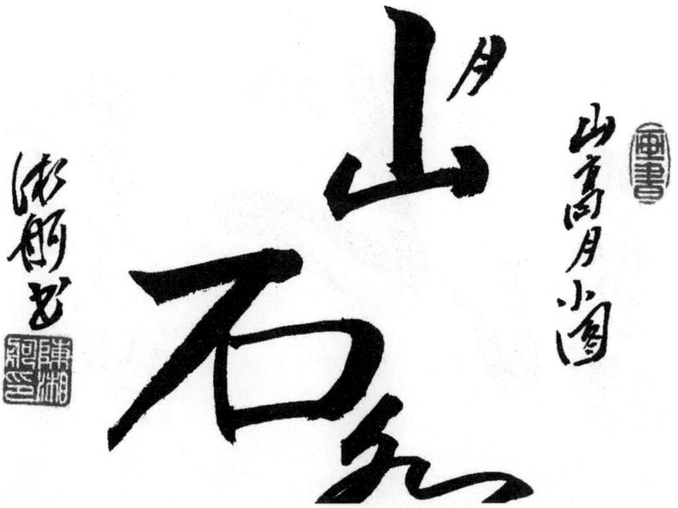

山高月小图

山高月小，
林深水长；
宜居宜憩，
人间仙乡。

9. 绝顶为峰

绝顶为峰图

海到无边天作岸，

山登绝顶我为峰。

——林则徐《出老》

10. 在水一方

在水一方图

所谓伊人，
在水一方。

——《诗经 · 蒹葭》

11.谁主沉浮

谁主沉浮图

问苍茫大地，
谁主沉浮？

——毛泽东《沁园春·长沙》

12.叶红于花

叶红于花图

停车坐爱枫林晚，
霜叶红于二月花。

——杜牧《山行》

13. 浪遏飞舟

浪遏飞舟图

到中流击水，
浪遏飞舟。

——毛泽东《沁园春·长沙》

14. 长征

长征图

万里长征有何难？
中原百战也等闲。

——袁国平《和毛主席〈七律·长征〉》

15. 镜花水月

镜花水月图

人似水里月，
亦如镜中花；
从地追到天，
痴情难报答。

16.蹄香

蹄香图

赏花归来马蹄香。

——高炯浩《中国伊宁：熏衣草》

17. 云帆济海

云帆济海图

长风破浪会有时，
直挂云帆济沧海。

——李白《行路难》

18.飞来石

飞来石图

何处生奇石，
志在做顶峰；
为遂奇石意，
仙人投远空。

19. 鹤影寒塘

鹤影寒塘图

寒塘渡鹤影，

冷月葬诗魂。

——曹雪芹《红楼梦》

20. 山海关

山海关图

崇山到此尽，

潮从绝处生；

雄关镇山海，

天下一枪平。

21.昔人乘鹤

昔人乘鹤图

昔人已乘黄鹤去，

此地空余黄鹤楼。

——崔颢《黄鹤楼》

22.汉宫秋

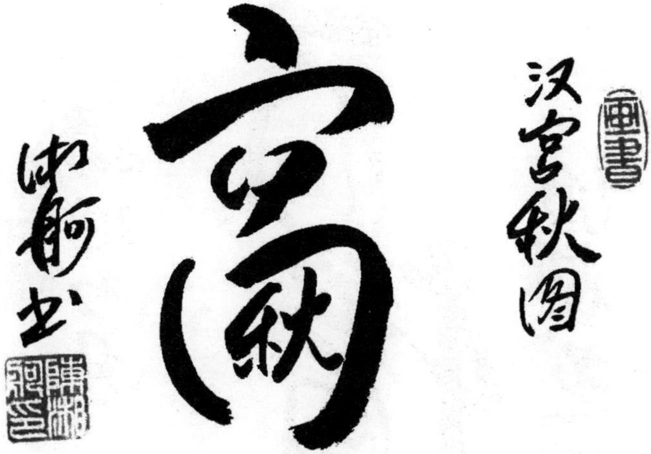

汉宫秋图

金风动汉宫，
秋声入耳中；
雨为伤心人，
泪滴洒梧桐。

23. 梧桐雨

梧桐雨图

秋雨敲梧桐，
夜深人难寐；
桐叶何时尽，
客便何时睡。

24. 情深似海

情深似海图

大海深难测，

情意似海深；

客言不宜多，

情多亦累人。

25. 笔走龙蛇

笔走龙蛇图

笔走龙蛇五十年，
回看纸上起云烟；
站起富起再强起，
辉煌历史一管传。

26. 毕竟东流

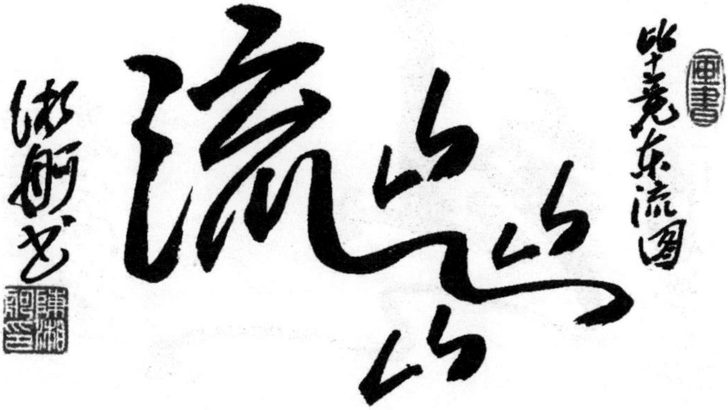

毕竟东流图

青山遮不住，

毕竟东流去。

——辛弃疾《菩萨蛮·书江西造口壁》

27. 高山流水

高山流水图

高山有好水，
奔流向天涯；
滋润千山绿，
还染七彩花。

28. 脚比路长

脚比路长图

没有比人更高的山，
没有比脚更长的路。

——汪国真《山高路远》

29. 花翻红浪

花翻红浪图

一夜东风来，
吹绽花如海；
此山翻红浪，
那坡腾紫彩。

30.鸟儿成双

鸟儿成双图

树上的鸟儿成双对，
绿水青山带笑颜。

——《天仙配》

第七章 名言警句类作品题咏

1.源远流长

源远流长图

江河千万里，
源远方流长；
绿化是基业，
莫让寸土荒。

2. 梦想力量

梦想力量图

须知力量多源泉，
梦想也是力之源；
心装梦想添精力，
敢于换地又改天。

3. 骄兵必败

骄兵必败图

骄兵必败非鲜见，
战地悲剧数不完；
只因骄兵常轻敌，
轻敌败局势难免。

4. 反贪到底

反贪到底图

千夫所指，

万人所怨；

反贪到底，

不慈不软。

5.攻心为上

攻心为上图

四面楚歌，
声声入心；
胜过千军，
曲溃楚军。

6.集中兵力

集中兵力图

相对弱小斗强敌，
集中兵力第一条；
以多对少巧造局，
稳操胜券谋略高。

7.舌尖安全

舌尖安全图

舌尖安全是大关，
只因人命事关天；
食品安检严要求，
保护生态守根源。

8. 星火燎原

星火燎原图

涓涓细流成巨澜，

星星之火可燎原；

风物常宜放眼量，

从小见大看长远。

9.信念源泉

信念源泉图

力量来何处，
信念是源泉；
坚定树信念，
方可排万难。

10. 火山喷发

火山喷发图

地球发怒喷火山，
只因生态遭灾难；
善待生态如护眼，
和谐世界待构建。

11. 众流江海

众流江海图

江海纳众流，

大小拥怀抱；

二者成其大，

贵不拒细小。

12. 两袖清风

两袖清风图

廉洁奉公，

两袖清风；

严于律己，

百姓称颂。

13. 点滴成海

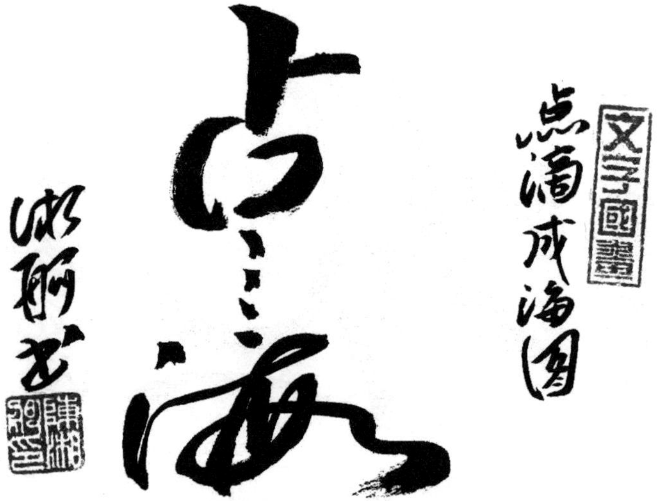

点滴成海图

沧海一粟不自卑，
不管大小皆珍贵；
滴水汇成江和海，
粒粟垒就摩天堆。

14. 以弱胜强

以弱胜强图

赤壁淝水传古今，
以弱胜强事实明；
若要深究此中里，
人心向背是主因。

15.天下为公

天下为公图

盘古开天地，
旨在为众人；
天下当为公，
方合天地心。

16. 分清公私

分清公私图

公私须分清，

莫以私犯公；

关键用好权，

应为人民用。

17. 浪尽英雄

浪尽英雄图

滚滚长江东逝水，
浪花淘尽真英雄；
为国为民谋福祉，
永远活在人心中。

18.众志成城

众志成城图

万里长城永不倒，
中华文明自堪豪；
再筑长城在心中，
众志成城基础牢。

19. 血肉长城

血肉长城图

石筑长城屹峰头，

血肉长城立心头；

万众爱心作基石，

不畏风雨千古留。

20.万众一心

万众一心图

万众能一心，
世事皆可成；
治国何为要，
众心得齐整。

21. 水涨船高

水涨船高图

国强我进步，
水涨船方高；
牢记此道理，
为国多操劳。

22. 血汗钱

血汗钱图

分毫来不易，
皆为血汗染；
用者当珍惜，
拥者不可贪。

23. 狐假虎威

狐假虎威图

世间何物不能假，
狐狸竟敢假虎威；
打假当打两脚狐，
维护人间真善美。

24. 中流砥柱

中流砥柱图

砥柱与天柱，
天地两巨头；
狂澜挽既倒，
并肩护金瓯。

25.鱼水情深

鱼水情深图

情深难过鱼水情，
鱼儿出水难存身；
军民之情胜鱼水，
人民从来是命根。

26. 吃水感恩

吃水感恩图

瑞金沙洲井水清，
吃水众忆挖井人；
一学掘井爱民意，
再学吃水知感恩。

27.纸上谈兵

纸上谈兵图

须在实践长见识，
应从历练获真知；
纸上谈兵必误事，
街亭失于一书痴。

28. 多做少说

多做少说图

实干能兴邦，
空谈多误国；
为政重实干，
多做少言说。

29. 一身正气

一身正气图

一身正气，
两袖清风；
自己不倒，
邪恶难攻。

30.信则有

信则有图

岂止鬼神信则有，
一切追求皆如此；
只因事情在人为，
人有信仰方成事。

第八章

习俗类题咏

1. 手心手背

手心手背图

手心手背都是肉，
全从娘身掉下来；
碗水端平谈何易，
厚此薄彼莫猜疑。

2. 爱美之心

爱美之心图

爱美之心，

人皆有之；

爱美护美，

不夺不痴。

3. 步步高升

步步高升图

矮子上梯，
步步高升；
时来运转，
心想事成。

4. 同床异梦

同床异梦图

同床异梦是何人，
夫妇朋友皆可能；
只因心非一处想，
同床共枕不同心。

5.沧海横流

沧海横流图

劲草不折战恶风，
沧海横流识英雄；
大风大浪作摇篮，
滔天巨浪腾蛟龙。

6. 热锅蚂蚁

热锅蚂蚁图

蚂蚁上热锅，
乱窜无出路；
人当避热锅，
莫步蚂蚁后。

7.虎啸群山

虎啸群山图

虎啸群山，

威震千岗；

虎今何往，

令人惆怅。

8.熟能生巧

熟能生巧图

熟能生巧成妙笔，
六尺白纸走龙蛇；
又如东风拂桃李，
字字犹如雨前花。

9.比翼鸟

比翼鸟图

天上人间比翼鸟，
双宿双飞恩爱深；
无情棒打不分散，
比翼源于结同心。

10. 板上钉钉

板上钉钉图

说话算数中国人，
板上钉钉世人钦；
若问为何能如此，
认定无信难立人。

11. 瓮中捉鳖

瓮中捉鳖图

虽言瓮中稳捉鳖，
熟鸭飞走如何说；
世事难料似风云，
反复无常难断决。

12.定海神针

定海神针图

风猛波涌水难平，
浪翻涛起海不静；
世上有矛必有盾，
智造定海看神针。

13. 锦上添花

锦上添花图

好上又加好，
锦上再添花；
人间爱至美，
绝代看风华。

14. 马到成功

马到成功图

捷报频传，

马到成功；

人马皆雄，

气贯长虹。

15. 失足

失足图

一失足成千古恨，
尘世行路须警心；
不走邪路行正道，
还须一步一个印。

16. 狼披羊皮

狼披羊皮图

巧装妙扮苦用心，
狼披羊皮骗主人；
混入羊圈显狼性，
可怜小羊命难存。

17. 敲山震虎

敲山震虎图

隔靴难搔痒，
敲山能震虎；
貌凶胆子小，
奔逃怕锣鼓。

18. 虎威

虎威图

生前啸高山，
人兽皆悚然；
死后威不倒，
人畏不敢前。

19. 狼狈为奸

狼狈为奸图

物多以群分，
人众以类聚；
狼狈同品性，
为奸不足奇。

20. 蜗牛

蜗牛图

叫牛枉为牛，
耕地无犁头；
不知身外事，
蜗里度春秋。

21.说话泼水

说话泼水图

话一说出口，
随着泼水走；
泼水难收拾，
话亦难改口。

22.耳边风

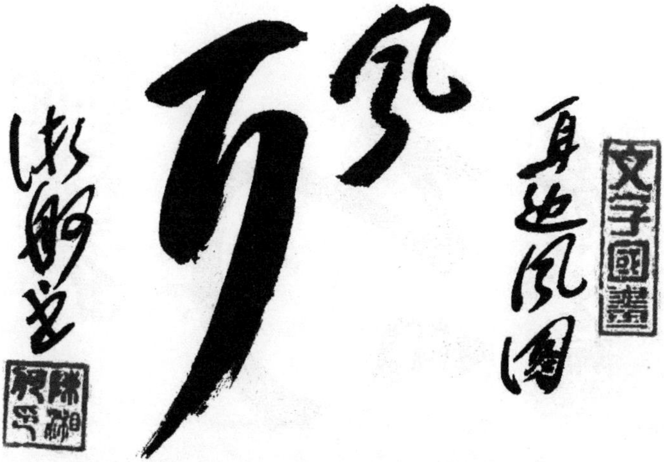

耳边风图

不听老人言，
吃亏在眼前；
错当耳边风，
教训记心间。

23. 惊弓之鸟

惊弓之鸟图

弓响鸟坠空，
未伤死惊弓；
莫学惊弓鸟，
乱云仍从容。

24. 胆小如鼠

胆小如鼠图

目光似豆，
胆小如鼠；
洞中藏身，
立足无地。

25. 龙凤呈祥

龙凤呈祥图

屋上龙飞，

门前凤舞；

二物呈祥，

业昌人睦。

26.泾渭分明

泾渭分明图

万物有美丑，
江河有浊清；
泾渭明显别，
处久却难分；
只因近墨黑，
影响日加深；
当记近朱赤，
交友择良人。

27. 竹篮打水

竹篮打水图

水中捞月镜采花，
竹篮打水计更差；
镜水之中尚有影，
漏尽篮中空无他。

28.把根留下

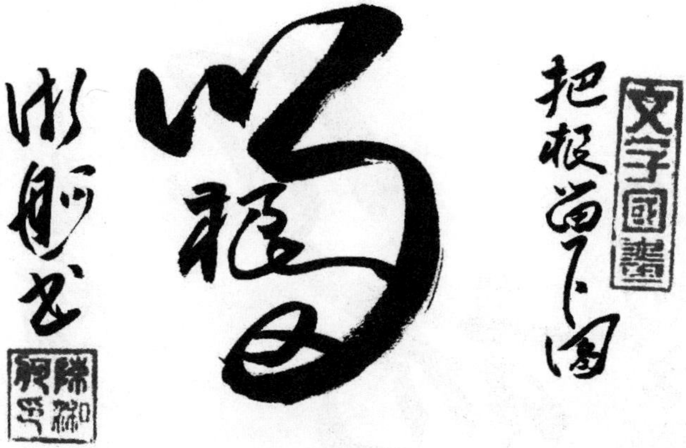

把根留下图

根深叶方茂，
源远水流长；
留根故园土，
万世得繁昌。

29. 枕头风

枕头风图

东西南北风，
最怕枕头风；
轻轻拂耳际，
人不辨西东。

30.患难与共

患难与共图

烈火试真金，
患难见友情；
若能共患难，
人海得知音。